Carta de una Mujer con Trastorno Límite de la Personalidad

K. Marie

Published by Caos Hermoso, 2023.

CARTA DE UNA MUJER CON TRASTORNO LÍMITE DE LA PERSONALIDAD

First edition. September 1, 2023.

Copyright © 2023 K. Marie.

ISBN: 978-0578357577

Written by K. Marie.

Tabla de Contenido

A todos aquellos que sufren de una extrema necesidad de recibir y dar amor y a aquellos que nos aprecian lo suficiente para amarnos.

Esto es para ustedes

Introducción

S i estás leyendo este libro, es porque crees que vale la pena hacer el esfuerzo necesario para comprender la compleja situación en la que se encuentra la persona que amas. Es una situación complicada y no es nada fácil. Las personas con trastorno límite de la personalidad luchan con las relaciones, pero también las valoran inmensamente, y esto hace posible disfrutar de una buena relación.

Si amas a alguien con trastorno límite de la personalidad, queremos ayudarte a aprender a amarle de una manera que mejore y nutra su relación.

Cada relación involucra individuos únicos. Algunos dicen que las personas con trastorno límite de la personalidad son demasiado únicas. Pero no hay tal cosa como algo más único o menos único. Las personas con trastorno límite de la personalidad son generalmente más emocionales.

Estos estados emocionales intensificados hacen que todo se vea diferente. Pero con un poco de educación y un vistazo a su mundo interior, podrías tomar decisiones acertadas y trabajar hacia una relación más feliz. Es posible y hay esperanza.

Puede ser difícil estar cerca de las personas con trastorno límite de la personalidad. Pueden ser muy calientes o muy fríos, muy cercanos o muy lejanos. Es difícil para las personas que viven con el trastorno. Al parecer, hasta las cosas más pequeñas pueden hacer que nos sintamos bajo ataque, y quizás no sabes cómo lidiar con esto. ¿Es su relación demasiado intensa, impredecible o simplemente demasiado compleja? ¿Estás tratando de entender a tu pareja, amigo o familiar, pero te resulta difícil obtener las respuestas que necesitas?

Si has establecido una relación sólida, pero estás experimentando arrebatos de ira de parte de la otra persona, es posible que te preguntes cómo manejarlo. Puedes amar a alguien con trastorno límite de la personalidad, pero puede que no ames el trastorno.

Si tienes una relación familiar con alguien, quizás te preocupes por su seguridad. Puedes sentir que estás en la oscuridad sobre lo que está sintiendo la persona con el trastorno, ya que es posible que no se atreva a compartir su mundo interior contigo.

Este libro incluye experiencias vulnerables de la vida real de personas con trastorno límite de la personalidad. Le habla a socios, familiares y amigos. Explica la forma en que algunos de los síntomas o rasgos se desarrollan en la realidad, cómo se sienten, qué lo mejora y qué lo empeora. Te permite entrar al corazón de las personas con el trastorno, pero lo hace en un espacio seguro donde puedes explorar a tu propio ritmo.

El propósito de dejarte entrar en este mundo interior es para darle más contexto a tus problemas de relación. Te permitirá ver las cosas desde la perspectiva de aquellos que caminan en este viaje. Incluye pensamientos y sentimientos que normalmente son difíciles de compartir para las personas, debido a la vulnerabilidad en las relaciones cercanas, así como a los problemas de confianza que forman parte de la carga del trastorno límite de la personalidad. Otra razón por la que la gente no habla de esto es por el estigma que se le atribuye injustamente. El estigma es destructivo y bloquea la conciencia.

Pero es posible que las personas compartan sus sentimientos secretos, ideas y esperanzas en las páginas de un libro. ¡Pueden escribir como si nadie los estuviera mirando, porque nadie los está mirando!

El libro usa un lenguaje fácil para navegar un tema difícil. Le ofrece perspectiva, claridad y apoyo. Con conocimiento y empatía, es posible disfrutar de buenas relaciones con tus seres queridos que pueden estar viviendo con el trastorno. El libro te ayudará a:

- Comprender el trastorno límite de la personalidad desde una perspectiva personal.

- Saber qué puedes hacer y qué evitar para mejorar la relación con tu ser querido.

- Saber cómo cuidarte en tu relación con una persona con trastorno límite de la personalidad.

En cada relación que te encuentras eres importante, por eso, debes incluir conscientemente el cuidado propio. En especial en relaciones intensas, las cuales pueden ser muy gratificantes, pero también tienen el potencial de ser drenantes. Gracias por acompañarnos en el viaje vulnerable de crear relaciones más fuertes.

Capítulo 1: ¿Qué es el Trastorno Límite de la Personalidad?

———

¿Cuáles son los síntomas?

Los siguientes son los 9 síntomas del Trastorno Límite de la Personalidad, según el DSM 5 (la quinta edición del Manual Diagnóstico y Estadístico de los Trastornos Mentales). El DSM es utilizado por profesionales para diagnosticar el trastorno.

Más adelante, en el libro, compartiremos la experiencia vivida de algunos de los síntomas del trastorno. También es importante reconocer el trastorno desde la perspectiva médica y, por lo tanto, hemos incluido los síntomas desde una perspectiva profesional.

- Inestabilidad emocional y cambios de humor incluyendo angustia emocional intensa, episódica, irritabilidad y ataques de ansiedad, o ataques de pánico.

- Ira que es inapropiada, intensa y difícil de controlar.

- Sentimientos crónicos de vacío.

- Actos impulsivos y autolesivos, como gastos excesivos, conducta sexual insegura e inapropiada, abuso de sustancias, conducción imprudente y atracones.

- Ideación, comportamiento, gestos y amenazas suicidas recurrentes, o autolesiones.

- Una marcada y persistente autoimagen inestable o sentido de identidad.

- Episodios sospechosos, e incluso ideación paranoica, o disociación transitoria y relacionada con el estrés.

- Miedo intenso al abandono y esfuerzos frenéticos para evitar el abandono real o imaginario.

- Un patrón de relaciones intensas e inestables.

¿Cuáles de estos síntomas has notado en mí?

1. _____

2. _____

3. _____

4. _____

5. _____

Es común que el Trastorno Límite se diagnostique erróneamente y que el diagnóstico ocurra años después de la primera presentación de los síntomas. El trastorno suele coexistir o enmascararse como otros trastornos, y el diagnóstico tardío o el diagnóstico erróneo pueden empeorar el problema.

¿Cuáles son las posibles causas?

LA CAUSA DEL TRASTORNO Límite de la Personalidad y otros trastornos de la personalidad no se comprende completamente, pero generalmente se acepta que el entorno desempeña un papel en el desarrollo de la personalidad y que la crianza de los hijos contribuye al estilo de apego, que es clave en las relaciones.

En consecuencia, se descubre que el trastorno puede ser provocado por el abuso o abandono infantil. Así como un progenitor ausente emocionalmente.

Una predisposición genética del trastorno, que se muestra en la historia familiar, también puede aumentar el riesgo. Y algunas investigaciones han demostrado anormalidades cerebrales en personas con el trastorno.

¿Cuál es el tratamiento disponible?

EL TRASTORNO LÍMITE de la Personalidad parece estar rodeado de mitos de incurabilidad y desesperanza, pero estos son solo mitos. Algunos expertos se dedican a brindar el apoyo que necesitan las personas con Trastorno Límite de la Personalidad. También es probable que las recomendaciones de tratamiento cambien y mejoren a medida que se abren las mentes y se reduce el estigma. Autoeducarse e investigar los puntos de vista y las recomendaciones de los expertos en el campo puede ser muy útil para proporcionar una mejor comprensión y, lo que es más importante, esperanza.

No todos los terapeutas y psiquiatras son adecuados para trabajar con personas con Trastorno Límite de la Personalidad. La selección de expertos que estén adecuadamente calificados y tengan experiencia con este trastorno puede ser el factor decisivo para un tratamiento acertado. Encontrar la combinación y la sinergía adecuadas entre sí puede conducir al éxito. Los pacientes tienen una mala reputación de no seguir el tratamiento, sin embargo, esto puede ser el resultado de no darle importancia a encontrar a un terapeuta adecuado. El buscar y conseguir al terapeuta correcto (o sea, una combinación correcta) puede conducir a un tratamiento y resultados exitosos a largo plazo.

Además de algunos de los tratamientos que se describen brevemente a continuación, vale la pena mencionar que el ejercicio, una dieta saludable y desarrollar habilidades generales de manejo ayudan mucho cuando se integran a una rutina. Los terapeutas también sugieren escribir un diario y el arte como otras formas de liberación saludable para la acumulación de tensión que ocurre con el trastorno.

La psicoterapia es la forma principal de tratamiento

LA PSICOTERAPIA PARECE ser la forma más efectiva de tratamiento y respalda el éxito de cualquier otro tratamiento. Algunos expertos recomiendan un enfoque de equipo que incluya un psiquiatra.

Algunos psicólogos se especializan en trastornos de la personalidad. Con una terapia consistente a largo plazo, muchos informan una mejora significativa en sus pacientes. Merece la pena buscar a estos expertos que tienen experiencia relevante con clientes con Trastorno Límite de la Personalidad y que informan el éxito que han tenido con ellos.

Los principales problemas con el Trastorno Límite de la Personalidad son problemas profundos que requieren un trabajo constante en un espacio seguro, como con un terapeuta de confianza. Las reacciones externas (descritas en algunos de los síntomas) pueden ser el resultado de creencias y temores internos inútiles causados por un trauma infantil subyacente. La terapia a largo plazo brinda la oportunidad de abordar de manera significativa este trauma subyacente en el contexto de los desencadenantes y luchas de la vida real del individuo. Proporciona un espacio seguro en el que las creencias y los temores pueden ser desafiados y explorados.

El Trastorno Límite de la Personalidad es complejo, los profesionales tienen opiniones diferentes y, a menudo, existe un estigma asociado con el trastorno. Seleccionar el terapeuta adecuado puede, por lo tanto, ser importante. Un terapeuta que tenga esperanza y la creencia de que las personas con el trastorno pueden llevar vidas más saludables y felices con relaciones más satisfactorias trabajará con sus pacientes para ayudarlos a mejorar.

Como se mencionó, el trastorno puede coexistir con otros problemas y, posteriormente, será más fácil para alguien con experiencia relevante identificar y tratar con éxito el Trastorno Límite de la Personalidad.

¿Qué es la TDC (Terapia Dialéctica Conductual) y

la Atención Plena?

LA TERAPIA DIALÉCTICA Conductual utiliza las habilidades de Atención Plena, Tolerancia a la Angustia, Efectividad Interpersonal y Regulación Emocional para intentar mejorar las respuestas conductuales al cambio y al estrés. Se usa comúnmente como un componente del tratamiento de personas con Trastorno Límite de la Personalidad.

Se sabe que una fortaleza clave de TDC es su componente de Atención Plena que se centra en estar en el momento. Esto puede ayudar a la persona a calmarse en tiempos de crisis y, en consecuencia, evitar entrar en una respuesta negativa automática cuando es provocada. Puede ayudarle también a practicar estrategias de enfrentamiento útiles en momentos de estrés agudo. La pausa resultante entre acción e impulso puede reducir los comportamientos suicidas y otros comportamientos destructivos. Como tal, la TDC puede resultar útil para reducir algunos de los síntomas del trastorno.

¿Hay medicamentos para el Trastorno Límite de la Personalidad?

AUNQUE LOS PSIQUIATRAS y los medicamentos pueden ser útiles, no existe un medicamento específico que pueda curar el trastorno por sí solo. Sin embargo, los medicamentos parecen tener éxito en la reducción de algunos de los síntomas y se sabe que ayudan a tratar algunos de los trastornos emocionales concurrentes, como la ansiedad y la depresión.

Un enfoque de equipo integrado que incluye medicamentos está respaldado por la lógica de que la causa del Trastorno Límite de la Personalidad es en parte genética y en parte ambiental. De ello se deduce que podría requerirse ayuda en ambas áreas. Nuevamente, se requiere un profesional que tenga experiencia y habilidad con el tratamiento del Trastorno Límite de la Personalidad.

Un enfoque de equipo permite que la terapia y la medicación asuman los roles apropiados en el momento adecuado del plan de tratamiento y respalden el objetivo general de bienestar. Cuando los síntomas son altamente destructivos, la medicación puede ser la ayuda necesaria para estabilizarse. Cuando se establece la terapia, que puede tomar tiempo para comenzar a surtir efecto, se puede recurrir a la medicación solo durante los períodos de crisis, como en el caso de un episodio depresivo mayor. El apoyo de equipo, que consiste en profesionales que tienen habilidades y experiencia en el tratamiento de este trastorno, puede ayudar a guiar al individuo a mejorar su estado.

Capítulo 2: ¿Cómo es vivir con el Trastorno Límite de la Personalidad?

———

Esta mañana me sentí realmente mal y necesitaba a alguien, pero no sabía qué era apropiado o no, así que renuncié a la opción de buscar un amigo y oré a Dios para que me abrazara. ¡Y luego un gran amigo me envió un mensaje! Apenas podía creer lo rápido que pasé de sentirme desesperada a sentirme bendecida. ¿Puedes culparme dada esta situación? Dios me sostuvo, ¡qué bendición!

Cambios de humor

A MENUDO PASO DE SENTIRME desesperada a sentirme agradecida. Mis lágrimas se transforman mientras caen. Pueden dejar mis ojos con amarga soledad y cuando llegan a mis labios con una dulce gratitud. Se sienten como arcoíris iridiscentes corriendo por mi cara. Mi madre solía decir que de niña lloraba y reía al mismo tiempo. ¡No tengo escasez de emoción y mis verdaderos colores se sienten como todos los colores!

El campo de gris

"Más allá de las ideas de lo que está mal y está bien, hay un campo. Nos vemos allí."

~ Rumi

HAY MOMENTOS EN LOS que realmente me pregunto si esto es una maldición o una bendición. La verdad es que creo que en algún punto intermedio son ambos, pero ninguno. Imagina, si lo deseas, un campo de pequeñas hojas de hierba en blanco y negro. Cada una de ellas es negra o blanca. Pero cuando miras todo el campo desde la distancia, ves la imagen grande que es un gran campo gris, ni negro ni blanco, solo gris.

Quizás el blanco y negro no exista, excepto como partes de la realidad del gris. Es difícil para alguien como yo, pero se me ocurrió eso para tratar de entender por qué parece blanco y negro. Tiendo a perderme en situaciones en las que mi mente se vuelve negra o blanca. En ese momento, cuando un amigo cancela una cita, o un mensaje de texto espera una respuesta durante horas, puede parecer que esa persona no me ama, y que esa relación es un error.

Amor y odio

PERO ES SOLO UN MOMENTO de locura. No odio a la persona. ¿Cómo podría odiar a alguien que amo? No puedo, en contra de la creencia popular, pero también en contra de mis propias palabras de enojo en tiempos extremos. Puedo huir y mantener mi distancia si se activa mi TLP y me vuelvo insegura, pero todavía los amo. No paso del amor al odio. Me balanceo de segura a insegura. El amor es constante.

Dejar ir

TENGO GRAN DIFICULTAD para dejar ir y el apego es un tema importante en mi vida. El lado positivo de esto es que no terminaría una relación impulsivamente. No soy el tipo de persona que abandone a alguien sin pensar y meditarlo significativamente primero. Pero, sí es muy probable que lo haga si estoy convencida de que me van a dejar. Cuando siento que alguien quiere alejarse pero no encuentra el valor para dar ese paso, sí, lo tomaré con valentía. Podría estar equivocada. Tal vez no tenían la intención de alejarse, y lo imaginé por mis inseguridades. Esta posibilidad podría llevarme a cuestionar mi decisión e intentar que funcione nuevamente, lo que podría llevar a una reconciliación. Por lo general, soy la rechazada. Oh, espera, ¿de verdad lo soy?

¿Rechazo real o percibido?

GENERALMENTE SOY LA que se siente rechazada. Este rechazo percibido es un problema grave. Creo que es un tema clave que debes tener en cuenta porque mi conocimiento de esto se desvanece o desaparece por completo cuando se activan los síntomas. Si no estás rechazando a tu ser querido con TLP, es posible que debas decirle claramente. Podría ser mal entendido por un punto de vista distorsionado por TLP. Lo acabo de hacer mientras te escribía, pensando que mi patrón no es rechazar, pero en realidad ...

Me voy cuando creo que me van a dejar, ya, lo dije. Es extremadamente difícil para mí admitirlo y casi parece falso debido a mis problemas de abandono. Es un problema muy profundo y se encuentra en el centro de mi TLP. Agradezco más comunicación sobre esto de parte de mi pareja. Tu punto de vista en esto de nosotros (nuestra relación) será apreciada porque puede ser un punto ciego y terco para mí. No es que no quiera no verlo, es que NO PUEDO verlo. Lo estoy intentando. ¿Puedes verlo por nosotros en estos momentos?

Estoy tratando de admitir mi realidad aquí. Estoy tratando de no ver nuestra relación a través de mi lente distorsionado. Estoy tratando de dejarte entrar en mi mundo. Pero no pongas eso en mi contra, por favor. Tampoco me mires a través de mi lente distorsionado, trata de no hacerlo también. Esta es mi kriptonita, y si me la arrojas, reaccionaré mal, ahora puedo sentir que viene eso que crees que es una amenaza, la manipulación, no lo es, es mi honestidad.

Ahora soy vulnerable. Por favor, resiste decir: "Es porque tienes TLP. Estás ciega." ¿Le dirías a una persona ciega que vea? Tal vez podrías mover algo fuera de su camino o tomar su mano para guiarla o darle un bastón. Un ciego todavía no puede guiar a un ciego. En tiempos de discusiones, espero que no caigas en este agujero conmigo. No es solo por mí, sino por nosotros. Si puedes entender que será de nuestro mayor interés tratar de ayudarme a ver la realidad en estos momentos, entonces puedes estar de acuerdo en que no es egoísta que solicite tu apoyo con este desencadenante. Sé que esto no es fácil para ti porque nadie quiere ser rechazado. Entiendo que también es una provocación para todos los demás. Estoy tratando de aprender a dar un paso atrás y mirar todo el campo, y no esa pequeña espada peligrosamente negra. Pero todavía no lo tengo todo resuelto.

Ataque complejo y duras despedidas

PENSÉ QUE LLAMÉ A MI ex para pedirle su opinión sobre un proyecto en el que estoy trabajando. No quise haberle atacado. Cuando lo pensé después, traté de armar el rompecabezas. Sé que volveré a estar sola pronto, y cuando lo esté, es probable que mi ex quiera que volvamos a estar juntos. No quiero que ese ciclo de nuestra relación destructiva comience de nuevo. No puedo permitirme otros 5 años de eso. Pero no me di cuenta de que era lo que estaba tratando de decir. Y no tengo ni idea de por qué no lo dije directa o conscientemente. Si lo hiciera, dudo que lo hubiera tenido en cuenta de todos modos.

Entonces, tal vez, inconscientemente, estaba tratando de hacer que me odiara para que no volviera a hacerme daño. Solo me di cuenta de que no estaba siendo razonable después de los diez mensajes de texto que le envié. Lo lamentaba. Realmente no deseaba nunca haberlo conocido. Lo amo, pero no quiero que estemos juntos, porque odio la forma en que me hace sentir. Siento que sería vulnerable si regresara a mí porque no sé si tendría la fuerza de voluntad para decir: "No". Mi apego a él entraría en acción, y podría tomar una decisión imprudente.

Intensos lazos familiares y límites

SÉ QUE ES TU VIDA, y no tengo derecho a interferir en la forma en que la vives. Pero la forma en que me diste el tratamiento silencioso durante meses, a pesar de que fue mi culpa, sacude mi confianza en nuestra relación. Sé que me amas, pero no sé si puedo confiar en ti. Me siento emocionalmente insegura a tu alrededor ahora. Y decir que esto es demasiado inapropiado: puedo sentirlo en otro nivel, así que me mantengo alejada semana tras semana.

Intenté no interferir en tu vida, pero tengo fuertes sentimientos hacia las personas a las que me acerco. Había mantenido esos pensamientos dentro de mí durante una década, sabiendo que no era apropiado para mí compartir mi opinión sobre cómo crías a tu hijo. ¿Realmente estaba defendiendo a tu hijo? ¿O la forma en que crías a tu hijo provoca problemas en mí sobre la forma en que fui criada? ¡A veces estoy confundida acerca de si estoy en lo cierto o no, y si estoy de acuerdo o en desacuerdo con mis acciones!

Cuando estoy en un episodio, no se me hace difícil guardar silencio. Había pasado por una ruptura de relación y era frágil cuando exploté. Luego, más tarde, cuestioné lo que dije. Lo he estado pensando durante 4 meses y no puedo contar cuántas perspectivas diferentes he tenido al respecto. ¿Cuándo has dejado de pensar en eso? Mi lógica dice que probablemente no perdiste mucho tiempo en eso.

Siento que te amo demasiado, y a menudo me preocupo por interferir como resultado de nuestra cercanía. Esta preocupación me lleva a estar demasiado lejos de ti. Es porque me preocupo por tu vida y tu felicidad, y no quiero interponerme entre ti y tu pareja o interferir con la forma en que crías a tus hijos. Pero si me quedo callada por mucho tiempo, se acumula para eventualmente explotar una vez por década. Odio ser de esta manera.

Si te amo incorrectamente, eso sería perjudicial, y se supone que el amor no es perjudicial. Dios sabe que me siento perjudicada por cómo otros controlaron mi vida, y no quiero hacerte eso, de ninguna manera, nunca.

A veces haces cosas que también me afectan, pero tengo demasiado miedo de aceptar que no me gusta, o de hablar al respecto porque creo que dudo de mi juicio. Cuestionar mi propio juicio me coloca en un lugar inestable, cambiante e inquietante. Tú me importas. Tu felicidad es importante para mí, y estoy tratando de hacer lo correcto.

Pero mi integridad también es importante para mí, así que a veces digo lo que creo que es correcto, incluso si cruza un límite. El problema es que no siempre sé lo que es correcto. Desearía que así fuera.

Cuando se trata de las percepciones de TLP, esto es irónico: siento que camino de puntillas, notando que no digo las cosas correctas porque me siento tan juzgada y tan incómoda que creo que diré las cosas incorrectas. Y eso suele ser una receta para un desastre. ¿Dónde me deja eso? Aislada y sola la mayor parte del tiempo. Solo porque quiero proteger a los que amo de mí misma. ¿Debería sentirme así?

Resolviendo problemas

MIS RELACIONES SUFREN cuando las cosas no se resuelven. Esto posiblemente se deba a que mis experiencias con mis padres quedaron sin resolver desde la infancia. Algunas personas tienden a querer espacio, y luego regresan y comienzan de nuevo. Pero para mí, nada se resuelve de esta manera, y para entonces he asumido que o me aman menos, me han castigado, o cualquier otra forma complicada que encuentre para darle sentido al problema.

El problema debe resolverse para que se procese de mi parte. De lo contrario, llevo todos estos problemas sin procesar, los adjunto a la carga central existente que se vuelve más pesada y amenaza con resurgir aún más. Entonces el miedo a una explosión pendiente me pone ansiosa y la ansiedad eventualmente explota.

Puede parecer que hago una montaña a partir de una colina, y desde tu perspectiva, tal vez sea cierto. Pero desde mi perspectiva, hay algo por debajo del pico de ese iceberg que creo que debería resolverse. Por lo tanto, la resolución es importante para mí para mantener buenas relaciones y avanzar. Me ayuda a evitar mi tendencia poco saludable a aislar o alejar a los demás. Me refiero aquí a relaciones personales significativamente cercanas, y no a personas con las que tengo una relación de conocidos.

Un espacio seguro

LAS RELACIONES SALUDABLES en mi vida tienen un espacio seguro. Siempre ha sido así, se ha desarrollado naturalmente o se está creando conscientemente. Puede venir después de un estallido cuando la necesidad de espacio se hace evidente. Un espacio seguro significa que puedo decir sí o no, y también la otra persona. Un espacio seguro significa que entendemos que ninguno de nosotros es perfecto. Un espacio seguro significa que la otra persona se da cuenta de que tengo algunas diferencias y soy inusualmente intensa y juntos intentamos definir cómo lidiar con esa intensidad en términos de nuestra relación. Si esto sucede, me doy cuenta de que esta persona realmente me acepta o me quiere en su vida.

Cuando alguien me dice que tiene un problema con la forma en que me he comportado en nuestras relaciones mutuas y que quiere una mejor manera de relacionarse conmigo, entonces escucho que necesito trabajar en algunas cosas, pero también escucho que soy valorada en la vida de esa persona. Esto es muy apreciado por mí. Si respondo a esto, o si inicio esta conversación contigo, entonces para mí eso significa que nos estamos dando cuenta de que somos bienvenidos en la vida del otro, pero que necesitamos establecer ciertos límites para hacer que la relación sea más saludable.

Ansiedad social

ESTABA EN UN CONCIERTO de la escuela la otra noche, y reconocí a alguien con quien solía trabajar hace unos 6 años. Nunca fuimos amigas, pero me caía muy bien y la admiraba. Me acerqué a ella en un pasillo y la abracé. Ella se sorprendió. Charlamos por un minuto, y luego me di la vuelta y me alejé, dándome cuenta de que me estaba interponiendo en el camino de que todos se concentraran en encontrar a su hijo. No siempre soy tan rara socialmente, es algo nuevo para mí. Tuve que tomar una copa de vino para superar mi vergüenza de lo que ella debía pensar de que me lancé hacia ella así y violé su espacio personal. ¿Estoy necesitando cercanía o solo tengo ansiedad social en estos días? ¿Debería esconderme más, o ese es el problema? La ansiedad social es un problema bastante nuevo que tengo. Estoy tratando de no preocupar a nadie con mi caos, pero como resultado, ahora me he convertido en una reclusa. ¿Dónde está el medio, por favor?

El cansancio

ME CANSO DE MIS ESFUERZOS por tratar de ser un ser humano razonable. Soy consciente de que mis reacciones a veces son intensas. Trato de manejarlas, pero intentarlo me agota. Y al estar cansada es más fácil que se active un episodio. Entonces, es un ciclo. Tiendo a necesitar más descanso del que considero razonable. No lo admitiría abiertamente a las personas porque eso sonaría irrazonable o como que soy vaga. ¡Sospecho que una mente irracional puede necesitar un cuidado irrazonable para hacer las cosas razonables!

Probablemente debería encontrar algo más de rutina en la vida. Mi falta de rutina me estresa. Tiendo a tener que pensar en todo, todo el tiempo porque no he planeado una rutina. De esta manera, manifiesto más caos.

Estoy en alerta máxima la mayor parte del tiempo, lo que me hace sentir cansada. Encontrar maneras de operar con un piloto automático saludable puede ayudarme. Me da miedo caer en hábitos en caso de que se conviertan en malos hábitos. En el trabajo, en mi pasado, he caído profundamente en entornos donde perdería un año a la vez al concentrarme demasiado en una sola cosa. Entonces, siento que estoy condenada si lo hago, y maldita si no lo hago. El acto de equilibrio necesita práctica y compromiso con la autoconciencia.

Mi estado y mi entorno

MUCHO DE LO QUE HE compartido hasta ahora, viene de un estado vulnerable. En otros estados, puedo tomar más de lo que parece humanamente posible. Puedo ser la última en un esfuerzo de equipo, o la única que puede lidiar con un jefe difícil.

Mi estado mental generalmente se ve afectado por un desencadenante de una relación emocional, como el rechazo o el abuso. Una vez que estoy en un mal episodio y no puedo resolver un problema, los signos de mi estado interno se hacen visibles a mi entorno. Noto que esto es particularmente cierto a medida que envejezco. Parece que tengo menos capacidad o voluntad para ocultar mi estado real. Por supuesto, me gustaría mejorar mi estado, pero ocultarlo superficialmente es cada vez menos posible. Quizás es una expresión extrema de integridad donde el exterior tiene que coincidir con el interior. No finjo fácilmente, pero solía tratar de ser más aceptable externamente cuando era más joven. Aún así, sé que sería útil si pudiera intentar el enfoque de afuera hacia adentro conmigo misma. Desearía poder empujarme en la dirección correcta con estas cosas relativamente simples.

Si te dejara lo suficientemente cerca, notarías que cuando estoy estable, me visto con confianza y comodidad, y la casa está limpia. No soy una persona ordenada, pero ciertos espacios como mesas y mostradores siempre estarán organizados si estoy en un estado saludable. Puede haber algunas flores en un florero, y las ventanas y puertas estarán abiertas de par en par.

Cuando, por otro lado, estoy lidiando con algo y luchando por encontrar claridad interna, entonces mi entorno sufre y refleja mi estado interior. No lavaré los platos, y las encimeras y las mesas pueden permanecer en estados caóticos durante semanas. Las cortinas pueden permanecer cerradas durante días enteros y las puertas pueden permanecer cerradas.

Algo de autocuidado para mí sería administrar regularmente mi entorno para cambiar mi estado interior. Me parece que eso me sacude las cosas, pero tiendo a favorecer ir de adentro hacia afuera, lo que lleva demasiado tiempo. Si viviera con alguien que tuviera TLP, estaría atenta a los signos externos e iniciaría una mejora en el exterior para alentar el cambio interno. Mis ejemplos son únicos para mí, pero el concepto puede ser compartido. Si ves algo en el entorno que no es saludable o es muy diferente, puede ser una señal de un cambio en el interior.

Cuando estoy estable, como porque tengo hambre y trato de tomar la ruta saludable y disfruto mi comida. Cuando estoy inestable, como para llenar un vacío, para distraerme de mi dolor y solo porque no me siento bien. Como demasiado, pero no disfruto la comida. Cuando era más joven, comía muy poco como mecanismo de supervivencia.

Administrar mi estado es crucial, y en un nivel práctico, hay mucho que podría hacer que parece que no considero la mayoría de los días. Si no quiero participar en una conversación o evento debido a mi estado, probablemente sea mejor que me quede sola. Sin embargo, hay momentos en que no puedo manejar mi estado durante un período lo suficientemente largo y luego opto por desconectarme de la mayoría de las personas, lo que en última instancia conduce a que las relaciones se desvanezcan. Es un lugar tan complejo dentro de mi cabeza. Así es como se siente.

¿Te da una idea de cómo es mi forma de pensar? ¿Es diferente a la tuya? "Sé" que todos me miran preguntándose qué sucede en mi cabeza y por qué después de 5 años en una relación todavía no pude ver lo que vieron en unos meses. Pero supongo, ¿no? Y esto es exactamente lo que creo que es el problema. No puedo ni debo asumir que sé lo que estás pensando o por qué lo estás haciendo. Y tampoco debes asumir que sabes por qué estoy haciendo las cosas. Porque simplemente no sabes lo que sucede y lo que está dentro de mí.

Es posible que veas algo de lo que hago, pero dejemos en claro que no sabes por qué. Te invito a investigar sobre TLP y puedes preguntarme qué podría ayudar. A veces, sin embargo, no sé por qué hasta más tarde. Porque tiendo a ser impulsiva a veces. Pero no siempre, depende de mi estado mental. En este momento soy frágil, por lo que cualquier pequeña cosa puede provocar una respuesta inapropiada. Luego me da la vergonzosa sensación de cuando te levantas a la mañana siguiente recordando lo que hiciste mientras estabas borracho. No estaba borracha, pero este es el sentimiento. A veces me emborracho con mi trastorno si estoy en un estado inestable. Y cuanto más miro los escalones frente a mí tratando de no tropezar con ellos, más me tropiezo con ellos.

Desempacando la realidad de algunos síntomas

"No soy como la mayoría de las personas. Hago cosas que las personas normales no harían. Pero no me juzgues solo porque no me entiendas"

Abandono y Confianza

PROBABLEMENTE SEPAS que tengo un gran miedo al abandono. Esto crea problemas de confianza que me llevan a confiar solo (o principalmente solo) en mí misma, irónicamente, especialmente durante un episodio. Tomar mis propias decisiones es importante. No me gusta que me digan qué hacer. Esa es otra cosa complicada porque durante un episodio mi pensamiento es defectuoso y confiar en mis instintos se convierte sin saberlo en mis inseguridades, lo que lleva a errores. Es necesario tener a alguien o algo externo a quien recurrir para recibir asesoramiento en momentos como este. Sin embargo, lucho por llegar. No quiero ser una carga y no sé en quién confiar. El estigma me asusta: ¿qué pensarán de mí?

Me vuelvo a mi lado espiritual de la vida donde pido orientación. Y también encontré un lugar seguro para buscar consejos en línea donde veo videos de expertos en el campo que encuentro útiles. Para mí, no es fácil encontrar expertos en TLP en los que pueda confiar y los pocos que encontré no tienen precio. Sacan información útil, etiquetada apropiadamente y disponible para que yo la vea o escuche cuando la necesite, sin tener que sentir que los estoy molestando o agobiando. De esta manera, siento que recibo el apoyo de una persona real que se preocupa por personas como yo y que tiene un sentido de comprensión y educación sobre las personas con TLP. También es fácil confiar en alguien que no conozco, ya que mi confianza se basa en su buen juicio y no en mi relación con ellos. Puedo escuchar cómo esto suena contra-intuitivo, pero debido a que lucho con las relaciones utilizando recursos remotos en línea, la relación se complica.

Escucho a terapeutas, entrenadores o expertos maduros que provienen de un sentido de esperanza, cuidado, honestidad y preocupación respetuosa tanto para mí como para los demás con los que estoy involucrada. La educación sobre TLP ha sido importante para mí. Los videos de apoyo con información, destrezas y herramientas han sido útiles. También sigo a entrenadores de relaciones selectos en línea porque gran parte de mi inestabilidad involucra relaciones. Estoy muy agradecida a estas personas en línea: marcan la diferencia en el mundo.

No sé si es por mi diagnóstico, pero tengo la sensación de ser un paciente impopular con terapeutas cara a cara. ¿Quizás soy demasiado complicada? Si tuviera apoyo, definitivamente agradecería que mis seres queridos me hicieran citas para que la gente me tomara más en serio.

Evento con desencadenante de abandono

ESTO ES LO QUE SENTÍ cuando se me desencadenó el miedo al abandono.

Estaba en una relación romántica intensa. Fue una relación apasionada con mucha lucha y mucho amor. Nos reímos mucho y lloramos mucho. Un día discutimos. No recuerdo de qué se trataba. Todo sucedió muy rápido. Salió muy molesto y con la cara roja. No podía creer que me volviera a pasar. Mis pensamientos estaban acelerados al igual que mi corazón. Se repetían en mi mente unos pensamientos que decían así:

"¿Por qué todos se van?

Nadie me ama.

No puedo creer que me haya dejado.

No puedo creer que esto esté sucediendo.

Esto realmente está sucediendo. Estoy sola otra vez.

Todos se van.

Todos simplemente se van.

Todos se van."

Estaba angustiada. Estaba en pánico. Alcancé el armario donde estaban los analgésicos, los saqué y seguí vertiéndolos en mi mano. Todo el tiempo esos pensamientos siguieron jugando en mi mente. Todo lo que podía escuchar, pensar y sentir era que todos se iban. Seguí pensando que se fue y todos me dejan. Y seguí tomando las pastillas.

Luego salí por la puerta y me quedé afuera por un segundo para tratar de respirar. Tomar las pastillas se sintió como una liberación por la intensidad imposible del dolor del rechazo. Y luego, de la nada, allí estaba parado frente a mí. Luché en ese momento. No pude entender ese momento. Creí que me había dejado para siempre. No sabía cómo lidiar con su regreso, porque no tenía sentido con mi versión de la realidad. Le pregunté qué estaba haciendo allí en un lenguaje fuerte y abusivo. Simplemente no entendía lo que estaba haciendo allí si me hubiera dejado.

Luego me di cuenta de que había tomado una sobredosis de píldoras y comencé a preocuparme por mi vida y por todos los demás que amaba. Conseguí las llaves de mi auto y decidí que iría al hospital para "salvarme" de mi locura momentánea. Allí estaba parado frente al auto, sin saber lo que había hecho, tratando de evitar que me fuera. Le grité, diciéndole que saliera de allí porque me había dejado, y me conduje hasta el hospital.

A la mañana siguiente, estaba atontada y mirando por la ventana cuando todo comenzó a volver a mí. Por primera vez, recordé cosas que bloqueé por completo durante el evento. Lo repetí todo en mi mente tratando de entender lo que sucedió. Y luego se me ocurrió: vi su pasaporte en el tocador y su teléfono celular en la mesa. Es extranjero y nunca se iría sin su pasaporte.

¿Cómo creí que se fue para siempre cuando vi su pasaporte con mis propios ojos? ¡Y su teléfono celular también estaba allí! Resultó que no era un fantasma en absoluto, pero me había engañado a mí misma porque mis creencias acerca de que todos se fueran eran tan fuertes que simplemente no creería ninguna evidencia de lo contrario. ¡No me dejó! Solo había salido a caminar para refrescarse después de la discusión. Estaba haciendo lo correcto para evitar ser agresivo. Me sorprendió la realidad que estaba descubriendo sobre el poder destructivo de mis creencias y lo engañosa que puede ser la mente. Al mismo tiempo, me sentí aliviada por el descubrimiento. Este evento fue cuando tenía 30 años.

Había pasado por experiencias en mis veintes donde me despertaba a la mañana siguiente sin saber por qué estaba tan molesta. Tendría que seguir adelante con la vida, sin explicación, sin comprensión y sin sentido de lo que sucedió.

A los 35 años, me deprimí y volví a tomar una sobredosis en un intento impulsivo y destructivo de acabar con el dolor. Llamé a un amigo para que me ayudara, y obtuve ayuda en un hospital. Esa fue la última vez que me autolesioné tan directamente. No veo ninguno de estos eventos como intentos de suicidio, sino como lapsos de pérdida de juicio por mi enfermedad mental. Fueron acciones impulsivas de las que me arrepentí y obtuve ayuda.

Espero que no me estés juzgando por esto. En ambos casos, no estaba buscando atención, pero quería escapar del dolor. Pero estas acciones obviamente condujeron a más problemas. Espero que esto nunca vuelva a suceder, pero lo temo porque no quiero quitarme la vida.

Desprecio el estigma en torno al suicidio, y te contaré una historia sobre el estigma un poco más tarde. Pero por ahora, ¡hablemos de algo menos molesto! Hora de una taza de té. Trataré de mantenerlo un poco más ligero ahora. No quiero que sea demasiado para ti mientras caminamos en este viaje.

Anímate, tómate un descanso si es necesario. Esto estará aquí para ti cuando estés dispuesto a continuar conmigo. Y gracias, por leer esto y tratar de entender el caos conmigo. Se sentirá mejor cuando comprendamos mejor las cosas, y todo hará sentido.

El lado positivo

"Creo que nadie es perfecto y que todos son perfectos."

¿QUÉ TAL ALGUNAS PEQUEÑAS analogías con el lado positivo de TLP? ¿Te gustan las rosas? A veces nos veo como rosas. La gente en general, pero sí, aquellos de nosotros con TLP especialmente. Hay una leyenda que dice que las rosas desarrollaron espinas porque eran tan dulces que de no tenerlas, los animales se las comerían. Necesitaban protección. Las rosas son dulces. Creo que nadie es perfecto y que todos son perfectos. Para sujetar una rosa y disfrutar de su belleza debes sujetarla de una manera cuidadosa para que no la lastimes ni sus espinas te hagan daño. Me encantaría ser amada como una rosa, ser apreciada por mi dulce delicadeza y que mis espinas sean cuidadas de la mejor manera posible. No están hechas para lastimar a nadie. Pero no quiero que alguien me deseche por completo por mis espinas. Ni tampoco quiero darme por perdida yo misma.

¿Qué pasa con los hermosos "Volkies"? Me encantan esos buggies con poderes florales. Pero de vez en cuando, ¡ves uno detenido al lado del camino! En estos tiempos, cuando ves a alguien con un automóvil como ese, solo hay una razón por la que lo conducen: ¡realmente lo aman! Lo encuentran especial, peculiar, atractivo, lindo, lleno de drama, personalidad y amor de Herbie. Y si... está bien, cuando de problemas, lo llevarán a casa, encontrarán por qué, lo repararán y comenzarán de nuevo. Tal vez solo necesite descansar, ¡y volverá pronto! Así es como quiero ser amada. Porque quiero ser yo misma, como Herbie, como todos quieren ser. Sí, necesito arreglarme, y lo intento, pero también quiero ser yo.

¿Te sientes más tranquilo? ¿Podemos volver a algunos asuntos serios? Sabes que soy seria y me intereso en las cosas profundamente. Pero soy consciente de que puedo ser demasiado, y hago un esfuerzo por arrojarme a aguas más razonables por el bien de quienes me rodean, si alguien está escuchando. Espero que lo estés ahora, así que estoy tratando de hacerte bien. Quiero relacionarme contigo, no quiero que corras. Quédate un rato, pero a tu propio ritmo, ¿de acuerdo?

Agitación emocional inesperada sin razón aparente

UNA VEZ MÁS, TODO DEPENDE del estado en el que estoy generalmente. Mi estado de ánimo puede cambiar más rápidamente de lo que creo posible. Puedo estar de buen humor tratando de concentrarme en el trabajo durante dos horas, y luego me encuentro aferrada a una pared con lágrimas inundando mi rostro porque me siento triste. Este estallido, si estoy sola, puede ser un buen alivio de la tristeza. Pero si estoy acompañada, puede ser un proceso prolongado y contraproducente. En primer lugar, intentaré ocultar cómo me siento. Si no lo hago, afectará a los que me rodean. Entonces me sentiré torpe y culpable. Si hay alguien conmigo, se sentirán perturbados por lo que están haciendo, y (con suerte) vendrán a abrazarme, lo que realmente agradeceré. O se quejarán, me sentiré ofendida y eso podría llevar a una discusión.

Si se quejan cuando estoy lidiando con una afluencia de confusión interna, me siento invisible. Podrían pensar que estoy fingiendo. Como sé que ellos dudan de mí, yo también podría dudar de mí. Sé que no lo hago para llamar la atención, porque me siento igual cuando estoy sola, y la mayoría de los días nadie sabe acerca de estos estallidos de emoción.

Empiezan a pensar que reacciono de forma exagerada, pierdo el tiempo o estoy fuera de la realidad. No se dan cuenta de que en mi realidad hay una tormenta en mi interior, y si no consigo sacarme esa tormenta, de una manera, se me escapará de otra. Creo que llorar es probablemente una de mis maneras de desahogo más saludables y seguras, y quiero crear más espacio y tiempo a solas en mi vida, para poder llorar cuando lo necesite. Aferrarme a las emociones y "comportarme" como esperan los demás me deja con un tanque listo para explotar en cualquier momento. No quiero explotar con otros ni implosionar tampoco.

Soy ≠ TLP

QUIERO HABLAR SOBRE este tema de identificarme con mi trastorno de personalidad. El estigma por ahí le dice a la gente quién soy. Pero los medios y las personas remotas no me conocen personalmente, ¿verdad? He llegado a creer que yo y mi personalidad somos dos cosas diferentes. Conozco a una dama que es dura con los demás en su personalidad externa. Es fría, distante y parece inabordable. He pasado algunos años alrededor de esta señora. He llegado a saber que ella es una de las personas más cariñosas que he conocido. Lo que yace dentro del corazón no siempre está ahí para que el mundo lo vea, pero en una relación a largo plazo, usted ve el carácter de una persona a medida que la experimenta en su plenitud.

A veces puedo mirarme a mí misma y a los demás a través de un lente roto, pero no creo que sea útil que el otro me mire a través de ese mismo lente. Vea a la persona real y evalúe la realidad que es muy probable, sí, gris. Mi personalidad está rota, mi humanidad es completa. Todos tenemos defectos y todos somos intrínsecamente hermosos. Si amas a alguien por lo que es, entonces tiendes a quererlo por su esencia y no por la personalidad en la que está envuelto.

Al final del día, el envoltorio puede interponerse en el camino, ser arrugado, viejo, grasiento, problemático, lo que sea, pero justo debajo de la superficie yace una persona real. Todos somos únicos, todos estamos aquí por una razón en mi opinión, y todos estamos en esto junto con aquellos con los que elegimos rodearnos. A mis ojos, la personalidad es solo otro nivel de la piel. No es igual para mí. Sí, debo tratar de cuidarla mejor y usarla mejor en mis interacciones. Pero mi lente TLP no debe ser lo que siempre veo a través de la vida, y tampoco debe ser lo que siempre veas en mí. Si continuamos así, ninguno de nosotros será visto por lo que realmente somos, y no habrá profundidad en nuestra relación.

Intento dejar que mi persona dirija mi personalidad. No siempre tengo éxito, pero esto es lo que parece cuando lo intento. Tengo un ex esposo. Fue mi mejor amigo y mi confidente durante una década. Cuando estoy en crisis, mi mente se dirige directamente a él, su número de teléfono está a mi alcance y sus brazos están en mis sueños. Pero me digo a mí misma que me lo quite de la mente, por la razón precisa de que lo amo y me preocupo por él. No debo mantener contacto con él porque hemos terminado con esa relación, y él ha seguido adelante. Por supuesto, siento el tirón más fuerte que la mayoría porque tengo TLP. Me imagino las cosas con vívidos detalles, y extraño su comodidad, y la anhelo a veces. Pero, lo que creo es que mi personalidad lo descarta sabiendo que no quiero causar ningún dolor en su mundo. Trato de dejar de pensar en él, y apenas menciono su nombre (incluso en mi propia cabeza) porque necesito cerrar ese capítulo para sobrevivir, sin hacerle daño por contactarle.

Crisis de identidad

"Se necesitará una apreciación de mi viaje interior para comprender si este que deambula está realmente perdido".

HAY OTRO PROBLEMA CON mi llamada personalidad, y esta es la paradoja de crear mejores comportamientos, hábitos y perspectivas. La introspección que requiere la recuperación y el manejo de TLP de mí ha estado desintegrando lentamente quién era y recreando versiones más y más nuevas de mí. Esto alimenta, o es, un trastorno de identidad porque perturba mi estabilidad. Sin embargo, dependiendo de mi perspectiva, a veces llamo a esto crecimiento.

El ser cambiante con TLP puede ser muy poco saludable cuando ese ser se enreda y se apega a la identidad de los demás. Pero si el ser cambiante es el resultado de intentos de mejorar los comportamientos y mejorar los apegos poco saludables, ¿puede ser un ser cambiante y saludable? Esta es mi perspectiva personal, y nada que ver con la opinión de expertos. Se necesitará una apreciación de mi viaje interior para comprender si esta que deambula está realmente perdida.

La realidad externa no siempre es un signo de enfermedad, también puede ser un signo de curación. Personalmente, siento que hay una línea delgada entre mi viaje espiritual y mi enfermedad mental. Es difícil ver esta línea. Hay veces que tengo que recordarme a mí misma que estoy viviendo en un mundo loco lleno de avaricia, guerra y conflictos. El hecho de que no estoy bien a veces me hace sentir cuerda porque caminar como si todo estuviera bien en una zona de guerra total tampoco me suena normal. Pero sí, lo entiendo, necesito hacer que esta vida funcione mejor para mí y para nosotros, aunque esté lejos de ser sensata.

Adjuntos y líneas borrosas entre mí y los demás

ME HE DADO CUENTA DE que en mis relaciones con personas cercanas, a veces borro las líneas entre ellos y yo. Cuando reconocí esto, hice un intento fuerte y doloroso de separarme de ellos y poner algo de distancia entre nosotros. El espacio es saludable. No sé cuánta distancia es suficiente. Hay veces que siento que tengo que separarme de ciertas maneras para el beneficio de la otra persona. Quiero que esa persona, esas personas, tú, sean felices, y no quiero sofocar a nadie. Me cuesta dibujar líneas y encontrar la distancia correcta, por lo que a veces opto por menos porque no quiero hacer daño. Y a veces comoquiera hago daño. Espero que esto no sea tan difícil para la otra persona como para mí.

He dicho cosas fuera de lugar porque soy intensa y porque noto situaciones sutiles que otros no. Un ejemplo de esto puede ser alguien que se siente emocionalmente humillado por otros o que se siente avergonzado por las bromas aparentemente indefensas de otros. Puedo sentir el dolor no expresado de aquellos que son sensibles. A veces me siento como una idiota por lo que siento porque sé que otros dirán que no hay evidencia de lo que siento. La investigación muestra que las personas con TLP perciben las señales no expresadas de cosas negativas y generalmente tienen una gran empatía. Sin embargo, la investigación también muestra la tendencia hacia el lado negativo, por lo que podemos pasar por alto los signos positivos. Agregue a esas inseguridades y estado de ser, y se convierte en otro desafío. Esto es realmente bastante confuso para mí. La empatía y la intuición son algo así como la fe, uno no quiere cuestionarlo, pero la intuición o los sentimientos e inseguridades también pueden confundirse.

Tengo historias de experiencias que reflejan mi fuerte sentido intuitivo: no está incluido en el tema mencionarlo aquí, pero agrega contexto para mi punto. Solo puedo esperar estar equivocada sobre las cosas negativas de las que siento ser testigo. Por el bien de la realidad, espero que el TLP esté exagerando las cosas. ¡Pero el jurado está en eso! La intuición es difícil de probar o refutar, y no quiero pelear entre los dos. Personalmente valoro mi intuición, pero para poder confiar plenamente en ella, debo ser capaz de manejar mi estado de mejoría. Ah, ¡las complejidades!

Intolerancia al estrés y "estoy cansada"

AHORA QUE HEMOS HABLADO acerca de las relaciones, estoy bastante agotada. Y supongo que admitir esto es algo importante. Tiendo a ser profunda, complicada o seria. Quizás no sea profundidad, quizás sea mi compleja inmadurez: tú decides. En cualquier caso, siento que agoto a la gente. No tienen que decirlo. También me canso después de pensar mucho, o después de una conversación profunda conmigo misma u otro. ¡Entonces, el cuidado personal aquí, para ti, es un espacio para mí! Todos necesitamos espacio.

Si encuentras algo hermoso en esta relación, que es genial, podría compararse a notas musicales intensamente dulces, pero como cualquier composición hermosa, hay espacios de silencio en el medio que hacen que esas notas tengan sentido. No he podido proporcionar el espacio adecuado en algunas de mis relaciones. Quiero crear, aceptar, dar la bienvenida y nutrir esos espacios separados. Es tentador querer rechazar esos espacios, tentador para ti también. Si tienes una relación romántica con alguien tan apasionada e intensa, el espacio puede parecer ridículo, pero si quieres que esa pasión se mantenga dulce, el espacio puede ser algo maravilloso.

Realmente no sé cómo me las arreglé para pasar por la vida hasta este punto con el poco espacio que he tenido. Ahora que he descubierto que el espacio y el silencio tienen una hermosa manera de absorber el desbordamiento y de ayudar a procesar, lo encuentro vital. También es vital para mi relación conmigo misma. Solo debo tener cuidado de no aislarme.

El estrés contribuye al estado, y debido a que ya siento tanta intensidad por mi forma de ser, el estrés solo tiene un efecto mayor en mí. Cuando era niña, mi tolerancia al estrés era alta y estaba al límite. Yo era una niña feliz en medio del caos. Estamos hechos para sobrevivir de esta manera. Pero como adulta, me molesta cuando percibo la forma en que la gente piensa que soy débil y que tengo poca tolerancia. Y, es cierto, soy débil y tengo una baja tolerancia. Lo más mínimo puede estresarme.

Cuanto más significa algo para mí, más puedo estresarme al respecto. Una fiesta en honor de alguien, por ejemplo.

Solía ser un gran problema para mí porque es una oportunidad para mostrarle a alguien cuánto lo aprecio y valoro. Esto solía ser una alegría, pero me he puesto bajo tanta presión con el significado que le he agregado, que me agoto. Saboteo, dejo las cosas para el último minuto y luego me apresuro, sin conformarme con una opción hasta que haya considerado cualquier otra opción posible. No soy de ir a los centros comerciales a hacer compras. He desarrollado tanta ansiedad en torno a esto que a veces me doy por vencida, me enfermo y ni siquiera me presento para ver a la persona. Si tengo una amiga dispuesta a ayudarme, tengo más probabilidades de hacer frente a este tipo de presiones y le pediré consejo o compañía. Mi ex pareja solía venir de compras conmigo a veces solo porque veía cuánto me estresaba y el apoyo de su presencia significaba todo para mí. Me siento culpable porque necesito que alguien me ayude a superar esto, así que necesito aceptar que puedo hacerlo o no hacerlo, sola. Si no lo hago, la culpa que conlleva es pesada, y me lleva mucho tiempo superarlo.

Me auto-saboteo y creo estrés de varias maneras. En mi trabajo, atraigo proyectos grandes o diferentes. No me arrepiento de eso por completo porque el aburrimiento es peor que un desafío para mí. Tiendo a no saber dónde está la línea de lo imposible y siempre trataré de hacer que las cosas sucedan. Esto me ha llevado a trabajar durante noches enteras, descuidando la perspectiva de la vida como un todo y arriesgándome a mí y a mis relaciones porque puedo involucrarme tan intensamente en mi experiencia de una cosa. Es ese pensamiento en blanco y negro. El éxito en el trabajo tiende a significar fracaso en otra cosa, y el fracaso en el trabajo tiende a significar tiempo para otra cosa. Pero necesito ambos, por supuesto, el éxito en el trabajo y el resto de la vida. Ya lo sabes. Necesito recordarme conscientemente o podría quedar atrapada en mi mentalidad enfocada y olvidarme de todo lo demás. ¿Puedes ver cómo esto podría ser una fortaleza? Puedo ver cómo podría ser esto, y envidio a aquellos como yo que han dominado ese enfoque. ¡Para mí, sigue siendo una debilidad!

Me gustaba cuando mi compañero solía venir a decir: "Oye, vamos a dormir". No sabría cuándo es el momento de parar. Renunciar y dejar ir o saber cuándo detenerse es algo que muchas personas hacen fácilmente. Pero para algunos, cuándo rendirse y dejar ir es una fortaleza que necesitamos aprender. ¡Con mi TLP me aferro a cosas: plazos y proyectos imposibles, relaciones sin salida y una línea de botellas de champú vacías en mi ducha! Eso último de dejar ir, tirar, decir que hemos terminado, decir que nos rendimos, decir que se acabó, decir que es imposible, decir que está terminado, es difícil. No rendirse no siempre conduce al éxito. Puede ser una receta para el fracaso también.

"Con mi TLP me aferro a cosas: plazos y proyectos imposibles, relaciones sin salida y una línea de botellas de champú vacías en mi ducha".

Sentirme discapacitada

A MENUDO HE SENTIDO que estoy viviendo con una discapacidad. He estado deprimida hasta el punto de debilitamiento, me he quedado en cama durante días, no he podido abrir las cortinas y dejar entrar la luz, no he podido hablar por ser provocada, he estado incapaz de contestar el teléfono, he estado discapacitada e incapacitada.

Me da vergüenza decir que estoy discapacitada. Avergonzada porque sentía que los demás solo verían mi debilidad. También he tenido que ser fuerte en todo lo que tuve que soportar en mi viaje, pero la gente no lo ve tan fácilmente. La vulnerabilidad se confunde con debilidad. También tengo miedo de lo que harán las personas si ven mi discapacidad, si me presento con ella bajo la manga. No me gusta la forma en que la sociedad trata a las personas con discapacidad física. Gran parte de la sociedad no acepta a estos seres humanos como iguales: a veces son arrinconados en algún lugar para vivir sus días, lejos de sus seres queridos y lejos de experiencias más amplias de la vida. Esto me da miedo a la muerte. Me identifico fuertemente con estas personas, siento empatía por ellas y deseo tener la fuerza para contribuir a resolver su problema en la sociedad.

¿Por qué querré confiar mi estado de bienestar a la sociedad que hace esto a los vulnerables? Cuando la sociedad no respeta a estas personas dándoles opciones más limitadas que a otras, a la educación y todo lo demás, y cuando descarta a estas personas, eso dice mucho sobre la forma en que la sociedad trata a las personas que son vistas como diferentes. Todos somos únicos. Pero difícilmente puedo culparnos por no acudir en busca de ayuda, apoyo o abrirnos con nuestras variadas diferencias a veces cuando esto es lo que vemos en el mundo.

Como alguien que vive con TLP, a veces he sentido que he perdido mi infancia. La libertad en mi edad adulta es muy importante para mí. Sí quiero ayuda con mi enfermedad, pero debe ser mi elección y mi decisión. Solo hay una vez que quiero que alguien más decida, y es cuando estoy insegura, como cuando deseo suicidarme, ¡entonces quiero ayuda, incluso si no estoy de acuerdo! Por favor, no me dejes morir, así me demostrarías que las mentiras son ciertas. Las mentiras que a nadie le importo. No me resulta fácil comunicarme contigo y si me comunico contigo, es posible que seas la única persona con la que me comunique. Esto no es para manipularte en ninguna relación conmigo. Cuando pido ayuda, me refiero a ayuda, no me refiero a unirme o permanecer conmigo. Si no puedes manejarlo, está bien, llévame a una sala de emergencias y déjame allí, o llama a alguien que sepas que se preocupa por mí, o llama a una ambulancia, y luego aléjate.

Pero cuando me siento tan mal en tu presencia por algo que provoca mis síntomas en nuestra relación, y te alejas, puedo morir. Esto le ha sucedido a otros, y nadie escuchó porque pensaron que era manipulación, no lo fue. Fue un intento impulsivo de escapar del dolor. La enfermedad requiere respeto y ayuda. ¿Te alejarías de alguien sangrando en la calle? ¿Por qué entonces te alejarías de mí cuando estoy emocionalmente sangrando en tu piso, incapaz de hablar, escondiéndome debajo de tu cama para no ser provocada a un estado que claramente no es normal? ¡Mira esto por lo que es, por favor, y luego corre si eso es lo que quieres hacer! No quiero ser avergonzada, pero lo aceptaré si eso me mantiene con vida. Nadie quiere morir por una caída accidental, preferirían que alguien llamara una ambulancia. Y, sin embargo, las personas que dicen que les importa, se alejan alegando que esto es manipulación. La vida de las personas está en juego. Siempre puedes dejar una relación, ese no es mi punto. Una amenaza de suicidio de alguien con TLP, de hecho de cualquier persona, debe tomarse en serio. Significa que uno está en riesgo y requiere acción. En esta etapa, uno necesita ayuda para tomar medidas para obtener apoyo. Las personas suicidas no están bien.

Desafortunadamente, debido a que las relaciones son un desencadenante importante en el TLP, es complicado cuando alguien desea suicidarse debido a un problema en la relación. Aquí, se necesita perspectiva de la otra persona. Perspectiva de que tal vez la relación ha terminado, pero la vida de una persona no tiene que terminar también.

¿Qué puedes hacer cuando me siento mal?

1. No hagas preguntas ni presiones, esto me pondrá en un peor estado
2. Reafírmame tu amor, pues en ese momento es muy probable que mi mente me esté diciendo que nadie me quiere y todos me abandonan
3. Valida mis sentimientos

4. Sólo **demuestra** que estás ahí para mí, aunque no digas nada

Capítulo 3: Cómo entenderme y apoyarme

―――――

Cuando no busco apoyo

Te dije antes que cuando necesito una amiga, se me hace difícil buscar la ayuda, así que a veces puedes sentir que me acerco a ti cuando en realidad me siento insegura, pienso que estoy molestando. Me han lastimado por buscar ayuda, pero necesito sentir tu apoyo y dejar de tener miedo de contactarte.

Algunas cosas que puedes hacer y otras que no debes hacer, según mi propia experiencia personal

No asumas (como ya se discutió)

No arrojes TLP en una discusión

POR FAVOR, NO USES mi enfermedad en mi contra. Hem sido abierta y honesta contigo sobre lo que enfrento. Sí, puede ser la enfermedad la "culpable", pero por favor no culpes a la enfermedad ni a mí de manera descuidada. Si tenemos una discusión y usas este argumento en la discusión, que sea de una manera respetuosa.

No esperes un sentido poco realista de equidad. La equidad no es lo mismo que igualdad.

SOY SENSIBLE E INTENSA, pero es posible que tú no seas así de manera natural, así que no trates de igualar con mi nivel de intensidad o sensibilidad, porque no podremos llevarnos bien de esta manera. Sé tú mismo. Sé que esta no es una tarea fácil y que puedes sentirte provocado a mostrar niveles más altos de emoción, pero estoy señalando que es útil para nosotros ser quién somos y no tratar de reflejarnos, especialmente cuando las cualidades pueden no ser del todo útil.

La igualdad y la equidad es aceptar a cada uno de nosotros por lo que somos. Necesito un sentido de comprensión con respecto a mi personalidad, como tú puedes necesitar un sentido de comprensión con respecto a otra cosa. Estoy de acuerdo en dar y recibir, pero no deberías ser poco realista en el sentido de asumir que tenemos las mismas necesidades. Nuestras necesidades son diferentes. Por ejemplo, es posible que necesites espacio, y que yo necesite que me asegures tu amor; es posible que tengamos que trabajar en cómo hacer que ambas cosas funcionen.

No reacciones mal cuando se activen mis síntomas

CUANDO NOTES QUE SE han activado mis síntomas, intenta no reaccionar mal. Una herida requiere compasión. Si el daño se responde con más daño, podemos crear una zona de guerra. Si piensas, "Aquí vamos de nuevo", me agitas o giras los ojos hacia arriba, probablemente leeré estas acciones como que no reconoces que lo que sufro es real. Esto empeora una mala situación. Si sigues reaccionando mal a mis síntomas, es posible que nunca dejemos de pelear, y la intensidad podría hacer daño a nuestra relación.

Reconozco que a veces te molestarás porque, siendo humanos, todos tenemos nuestros problemas que nos molestan. Creo que es menos dañino que uno de nosotros se moleste a la vez, si es posible. Esto significa que la persona más tranquila (ya sea la persona con una enfermedad mental o no) tiene que intentar mantener el espacio con comprensión y compasión por el otro. Y si disparamos de un lado a otro, personalmente no me parece útil (¡lo encuentro más desencadenante!) para volver hacia atrás y resolverlo todo. Los desencadenantes generalmente son debido a nuestros problemas centrales y, a menudo, no sobre lo que estamos discutiendo. Entonces, ¿quién dice qué puede ser un enfoque superficial? Si no tratamos los problemas centrales con amor, es probable que sigan surgiendo. Ya hemos hablado sobre la resolución de problemas, y no estoy sugiriendo que los problemas se dejen sin resolver.

No te comprometas conmigo si no crees que valga la pena hacer el esfuerzo en los tiempos difíciles. Inevitablemente habrá tiempos difíciles.

SI ESTÁS ENTRANDO EN una relación romántica conmigo, debes comprender que tengo algunos problemas complicados. No es probable que funcione para nosotros si no ves que valga la pena el esfuerzo en los tiempos difíciles que vendrán inevitablemente. Sé que todos enfrentan momentos difíciles. Pero me refiero a los tiempos difíciles provocados por TLP. Quiero que reconozcas que esto incluye su propio conjunto de desafíos, y no quiero tener un sentimiento adicional de culpa por necesitar apoyo.

Prefiero no estar en una relación que estar en una con alguien que quiere fingir que no necesito apoyo. No puedo escapar de un compañero cada vez que no estoy bien, ¡porque eso sucede de manera inesperada y a menudo! Cuando me escapo de los demás, me gustaría un espacio seguro donde pueda estar. ¿Podrás quedarte? Es posible que necesites espacio, por supuesto, pero ¿quieres tratar de manejar las cosas juntos? Si no estás seguro, no tienes que involucrarte conmigo. Puedes involucrarte en una situación diferente que sea más tranquila. Tendrás problemas, claro, pero es probable que sean menos intensos emocionalmente que los que tendrás conmigo.

No me ignores si digo que quiero morir

ESTO YA LO HE MENCIONADO en nuestra conversación, pero es importante que se incluya bajo un no. Si menciono el suicidio en una discusión general, puedo estar deprimida y teniendo este patrón de pensamiento no saludable. No minimices la ideación suicida en personas con TLP (o con cualquier persona). Busca apoyo profesional.

No uses clichés de TLP conmigo

COMPRENDER LA ENFERMEDAD es importante, pero usar clichés para entenderme no es útil, porque los clichés, aunque puedan ser ciertos, no son relevantes para cada situación. La suposición cliché me hace perder la confianza en las personas cuando me doy cuenta de que me están mirando como un libro que leen, y no a mí. Hola, ¡aquí estoy! Me di cuenta de que después de que algunas personas leyeron un poco sobre el TLP, me acusaron de ser manipuladora, sin embargo, nunca habían pensado eso antes. ¿Me encuentran manipuladora como persona o es el marco de alguien más para darle sentido al diagnóstico? El hecho de que las personas hayan creado un contenedor para encajar un conjunto de situaciones, eso no garantiza que entiendan el contenido de ese contenedor correctamente. Y cada uno de nosotros es diferente. La manipulación suena como un juicio de carácter que no puede hacerse a menos que conozcas a la persona.

Sé honesto conmigo

NO QUIERO FALTA DE sinceridad como nadie más lo quiere en las relaciones. Sí, el rechazo duele, pero las mentiras duelen más a la larga. Elijo la realidad, aunque puede ser difícil de manejar.

Respétame

RESPÉTAME COMO UNA persona real, no solo como una persona con lentes TLP o máscara de enfermedad mental, sino como un individuo complejo y único.

Respétate a ti mismo

NO SIEMPRE PUEDO SABER lo que necesitas y quieres en una relación, y si algo es demasiado o poco para ti, debes afirmarlo honestamente. Si crees que necesito a alguien que se siente conmigo y tenga una charla con café todas las mañanas en la cama, eso es genial, pero aquí está el truco, eso solo es bueno para nosotros si TÚ también lo quieres. Es sostenible solo si es sincero, y solo si nos considera a los dos.

Espera disculpas y pide disculpas

LA IMPULSIVIDAD CONDUCE a acciones y palabras precipitadas. No creo que esté bien. Ocurre con personas cercanas, y conduce a sinceras disculpas. No es fácil aceptar que has dicho algo que no deberías haber dicho, o no quisiste decir, a alguien que te importa. Es muy difícil aceptar que has lastimado a alguien que amas.

Las disculpas vendrán por la impulsividad. Impulsividad significa que hay una dificultad en la pausa entre el impulso y la reacción. ¿Imagínate si fuera a actuar en cada impulso? ¿Puedes ver cómo te estarías disculpando y lamentando cosas? Cuando haces algo mal, es probable que no sea impulsivo. ¿Pero también te disculparás? Espero que la mayoría de las personas en mi vida se disculpen mucho menos de lo que yo lo haré (si alguna vez lo hacen). Escribir eso me hace sentir como una mala persona. (Suspiro)

De todos modos, cuando hayas hecho algo que me ha dolido, una disculpa será de gran ayuda. Tengo la capacidad de escuchar y aceptar disculpas, porque sé lo que es ser imperfecto. Se vuelve difícil y desequilibrado cuando se culpa a una persona por todo. Esto profundiza una herida existente y refuerza mis sentimientos de no valer nada. Se necesitan dos para bailar tango, particularmente en las relaciones de tipo asociación, donde el baile es entre dos personas que a menudo tienen sus respectivas sombras cerca.

En situaciones familiares, a veces hay un ambiente tóxico o poco saludable que contribuyó a la enfermedad en primer lugar. Ese entorno también pudo haber afectado al resto de la familia, ya que son parte de un sistema imperfecto. No digo que todos los demás también estén enfermos de la mente, digo que debemos reconocer cómo todos interactuamos entre nosotros y tratar de no culpar a una sola persona. A menudo me llevo toda la culpa, y a veces estoy dispuesta a alejarme de los círculos familiares pensando que soy mala. Pero todo malo y todo bueno no existe: el campo es gris.

No camines de puntas, más bien aprende a entender en lugar de cuidar tus palabras.

"En lugar de tratar de encontrar la respuesta correcta, trate de descubrir y desarrollar la comprensión correcta el uno del otro".

SÉ QUE PUEDES SENTIR que estás caminando de puntillas. No es útil cuando las personas velan sus palabras o usan frases practicadas que han aprendido. Mi intuición se acelera cuando alguien no es sincero. A menudo recibo esta respuesta "ok", "ok", "ok" cuando estoy molesta, y sé que nada es "ok", así que no entiendo por qué "ok" es la respuesta. Creo que puede tener que ver con que alguien tenga miedo de decir algo incorrecto. Pero decir lo incorrecto o lo correcto no es tan importante. No estoy buscando mentiras.

Busco algo real, con amabilidad sí, pero no mentiras. Principalmente estoy buscando conectarme con una persona real. Si alguien me da una respuesta falsa solo para apaciguarme, a menudo puede tener el efecto contrario. Siento que la gente está demasiado ocupada para profundizar en conversaciones reales la mayor parte del tiempo, demasiado ocupada para querer buenas experiencias para profundizar la discusión hasta el punto de resolución. Pero las respuestas ensayadas no son bien recibidas por mí. Sí, lo sé, otro círculo vicioso porque si sabes que la verdad me provocará, entonces ¿qué haces? Lamento no saberlo. Pero la mentira también me va a provocar. ¿No preferirías haber tenido la oportunidad de decir tu verdad?

Traten de llegar a un entendimiento mutuo en la relación. En lugar de tratar de encontrar la respuesta correcta, intente descubrir y desarrollar la comprensión correcta el uno del otro. Entonces, con suerte, las palabras no se interpondrán en el camino. Quizás se pueda resolver con un abrazo. Un enfoque de adentro hacia afuera tal vez. Las soluciones rápidas de los libros, incluso este, no serán suficientes con personas complejas como tú y yo.

Cómo entenderme y apoyarme

1. Aprende sobre mi enfermedad
2. Se honesto conmigo pero con respeto
3. Fija límites
4. No me ignores si digo que quiero morir

CUÍDATE A TI MISMO

Capítulo 4: Quiero que te cuides

He tratado de hablar de NOSOTROS en todo momento, así que espero que no sientas que tu sección es demasiado pequeña. Este libro fue escrito completamente para ti, y no para aquellos con TLP. Pero en esta sección, abordaremos el tema de TI más directamente, y particularmente de cómo cuidar de ti.

Esto es lo mejor que cualquiera puede hacer por sus seres queridos: cuidarse a sí mismo y su propio estado emocional.

Sé que a veces uno con TLP tiende a ser percibido como una damisela en apuros, sin importar la independencia externa. A menudo hay un matiz de damisela al acecho debajo. No te sientas tentado a dejar de lado tus necesidades. No te concentres únicamente en la damisela con TLP. Esto no es sostenible ni saludable para ti (ni él o ella).

Está dispuesto a aceptar tus propios límites y ser honesto sobre estos. No espero que ninguna persona pueda satisfacer todas mis necesidades todo el tiempo. Desearía que fuera posible, pero sé que es injusto. No quiero ser una carga. Si alguien finge ser Superman, es posible que no vea la pretención hasta que la fachada se desmorone. No sé si alguna vez volveré a caer en este patrón, dado que ahora desconfío de que alguien realmente quiera ser un caballero. Algunas cosas son demasiado buenas para ser verdad. Un caballero con armadura brillante no es la realidad. Un compañero en el crimen es mejor. Es una broma.

Pero no estoy bromeando sobre la importancia del equilibrio. No quiero estar bien a costa tuya. Si no es obvio, lo estoy diciendo: me preocupo por ti y quiero que estés bien. Creo que el espacio debería ser parte del kit de autocuidado para cualquiera que quiera asociarse conmigo. Lo dije antes, pero lo estoy reiterando aquí porque es importante para TI. Estoy tratando de aprender sobre los límites, pero no es algo que me resulte fácil, por lo que si puedes establecer tus límites y respetarlos, eso sería bueno para ti. Haz esto desde un lugar de amor por ti mismo. Espero que te sorprendas gratamente de cómo te respetaré por ello.

Las relaciones que te incluyen, deben considerarte. Si te sientes invisible, háblame al respecto y trátalo como tu necesidad y tu preocupación. No se trata solo de mí a tus ojos y tampoco debería ser todo sobre mí a tus ojos, sé que estoy llena de problemas, pero sí veo que ambos somos seres humanos pasando por cada uno de nuestros diferentes desafíos en nuestros viajes. Eres importante para mí y deberías serlo para ti también.

Si el TLP en nuestras vidas es algo que no sientes que puedes manejar solo, o solo conmigo, busca ayuda. Es una situación compleja y es más que comprensible si necesitas apoyo en forma de terapia o asesoramiento, etc., para ayudarte a tratar con alguien con TLP. Estar con alguien tan emocional también puede provocarte y la terapia puede ser muy útil para aceptar tus propias emociones. Las personas emocionales pueden, sin saberlo, sacar lo peor, pero también lo mejor, en otros.

Finalmente, con el riesgo de ahuyentarte, déjame decirte honestamente que eres absolutamente un hombre o una mujer libre: si el TLP es demasiado para ti, entonces no te involucres demasiado, aléjate. Sí, me lastimará, y el dolor es parte de la vida. No tienes ninguna obligación especial de quedarte con alguien porque está lidiando con TLP o con cualquier otra cosa. Tu vida es tuya y tú decides con quién relacionarte. Si eres un amigo, familiar, posible cónyuge o pareja, aún puedes decidir a quién mantener en tu vida y de quién alejarte.

Además, soy una persona emocional que quiere amor verdadero en mi vida. Quiero estar con alguien a quien también le guste estar conmigo. No dudo que mi gente esté ahí afuera, así que si no eres uno de ellos, no te preocupes. Todo caerá en su lugar. Haz lo que necesites hacer.

Capítulo 5: Estigma

———

Una vez tuve una experiencia en una sala de emergencias después de que tomé una sobredosis impulsivamente. Tenía poco más de veinte años y no entendía por qué hice lo que hice. Fue antes de mi diagnóstico. Recuerdo que me sentí confundida, abrumada y muy enferma. Fue en los días en que el proceso para sacar cosas del sistema era agresivo, y estaba luchando por decir lo menos. También estaba llorando. Una enfermera que estaba allí me dijo que estaba perdiendo su tiempo, ya que podría haber estado salvando a alguien que quería vivir en lugar de a mí. No sabía que era posible sentirme peor, pero me sentí peor cuando escuché eso.

Al parecer, he bloqueado muchas de estas experiencias traumáticas que me hacen sentir avergonzada. Pero aquella la recuerdo claramente y representa el estado de la "ayuda" que se ofrece a alguien con una enfermedad mental grave. Representa el estigma que hace que las personas oculten su enfermedad mental. Este estigma impide el apoyo, evita compartir historias reales de éxito y crecimiento, evita que las personas busquen ayuda, sofoca la conciencia y, en última instancia, conduce a más muertes. Cuando escucho que un adolescente se suicida, quiero ser lo suficientemente valiente como para ponerme de pie en una escuela y hablar sobre la realidad de las enfermedades mentales y las ideas suicidas. Quiero eliminar la vergüenza y ser parte de la solución. Pero mis experiencias me dan miedo. ¿Seré apedreada emocionalmente?

Muchas de las historias que escribo aquí son historias que aquellos cercanos a mí no han escuchado. Mi familia sabe que las cosas salieron terriblemente mal, pero no saben el alcance de mi dolor y experiencias. No saben que, aunque parezco estar bien, sigo librando una batalla diaria. No saben a qué me refiero cuando digo que estoy ocupada y que no puedo preparar la cena, el almuerzo o ir a un concierto. Piensan que soy fuerte, o piensan que soy débil, piensan que tengo el control de cualquier manera. No puedo llamar fácilmente a mi familia para pedir su apoyo porque temo ser avergonzada, incomprendida o rechazada. Además, quiero ser la que esté allí para ellos, y no quiero preocuparlos. Quiero ser capaz de cuidarme y sigo intentando y fallando.

Me temo que si creyeran algunas de las cosas negativas que se dicen en línea sobre mi enfermedad, entonces podrían cambiar de opinión acerca de amarme. A veces siento que estoy viviendo una mentira al no decirles claramente a lo que me enfrento, y a veces siento que no quisiera morir sin ser completamente abierta con las personas más cercanas a mí. Algunas lo saben, pero no hablamos abiertamente al respecto. Luego considero que mi familia no me eligió. He sido honesta y abierta con mi pareja cuando estaba en una relación para que él pudiera elegir si involucrarse conmigo o no. No le digo a muchos de mis amigos, pero los mantengo a distancia, así que no siento que necesiten saberlo.

A veces siento que de alguna manera me estoy dando permiso para ser una persona con "Borderline" en todas mis relaciones si todos en mi vida lo supieran. Tal vez esta falta de conversación al respecto protege mis relaciones. Este diagnóstico tiene un sentimiento extraño: de alguna manera, me ha ayudado y me ha dado esperanza por las respuestas que trajo. En otras formas, a veces me deja desesperada, debido a todo el estigma que lo rodea y a la intensa visión negativa que tiene la gente del TLP.

Casi parece que a alguien con TLP se le ocurrió el diagnóstico: es blanco y negro e intenso. Incluso me pregunto si manifestamos más drama desde el mismo diagnóstico. ¡Este diagnóstico es definitivamente uno en el que deseas comenzar a crecer tan pronto como lo aceptas! Y afortunadamente, he sido bendecida con algunas gemas en línea que han logrado convencerme de que definitivamente hay esperanza, que muchas personas con "Borderline" llevan vidas saludables, e incluso que tenemos nuestras fortalezas, como talentos artísticos que provienen de la intensidad de la emoción. Hay celebridades que viven con TLP. Estas personas son admiradas por el mundo. ¿Es su dolor lo que los llevó a tales alturas de expresión? La perspectiva hace una gran diferencia. Y recuerda, oye, no estamos tan locos como "ellos" nos hacen parecer, después de todo, todos somos humanos. Debemos tener presente que el TLP tiene un espectro y que los rasgos pueden ser menos o más severos. Esto es alentador de saber.

Al educarse sobre el TLP, es importante encontrar recursos confiables. Investiga con tu objetivo en mente: ¿estás tratando de demostrar que la otra persona está equivocada? No. Es probable que tengas la intención de mejorar tu relación. Encontrarás lo que estás buscando. Es difícil examinar el estigma en línea, pero hay información y apoyo disponibles. La web está inundada de información, pero no podemos aceptar todos los puntos de vista. Creo que con orientación y buenas intenciones sobre lo que deseas lograr con el apoyo y la información, puedes encontrar información útil adecuada para ti. Desafortunadamente, me he sentido decepcionada por muchos expertos en línea (y fuera de línea), pero aprecio que otros expertos hayan aclarado las cosas con una gran comprensión, apoyo, perspectiva, herramientas y buena energía.

Dolor imaginado o real. Por favor, quédate conmigo.

TE EXPLIQUÉ CÓMO IMAGINÉ el abandono de un ex novio. Mientras escribía esto, también me di cuenta de cómo había imaginado un patrón general de mis parejas que me abandonaban cuando en realidad era yo quien terminaba la mayoría de mis relaciones. Esto me hace sentir enferma. Es comprensible para mí ahora, que la gente tome esta realidad y la aplique de manera más general a su comprensión del TLP, entendiendo mal que nos imaginamos todo. Quiero decir dos cosas en cuanto a esto. La primera es que el dolor imaginado, todavía duele, ya que la mente y el cuerpo no saben la diferencia. La segunda es que hay una parte o partes reales. También quiero llamar la atención aquí y recordarnos que esta enfermedad mental ocurre en un espectro, los síntomas y los rasgos pueden ser fuertemente activados, latentes o en algún punto intermedio. Como la mayoría de las cosas en la vida, debemos considerar que la realidad suele estar en el medio, con episodios de extremos.

Quiero mencionar brevemente el abandono inicial que fue real. Inicialmente en mi vida, mi madre era mi persona favorita en todo el mundo, posiblemente como lo son las madres para la mayoría de los niños. Ya era emocionalmente intensa antes de que ella se fuera. La gente dice que me aferré a ella y que no dejaba que otros se acercaran a mí ni a ella. Estaba muy unida a ella. Me pregunto si intuitivamente sabía que ella se iba a ir y si estaba tratando de abrazarla para que se quedara. Eso puede sonar exagerado, pero mis sentimientos dicen que podría ser. Se fue y se llevó mi recuerdo de ella también. No recuerdo cómo fue. Esos años de cercanía a ella se han ido de mi mente. Este abandono y el posterior abuso y negligencia infantil no fueron imaginados.

Veo situaciones en mi vida adulta en las que he imaginado un abandono por suceder. Ha habido momentos en que he tenido demasiado miedo de que alguien se fuera porque las cosas se sentían demasiado bien para ser verdad, una falsa creencia de que no podía ser real que alguien me quisiera y se comprometiera a amarme... para siempre. Solo veo esta realidad en retrospectiva, años después.

He visto dentro de mi corazón. Entré en mi corazón abierto ya que se ha roto. Encontré piezas afiladas y contaminadas. Los puse juntos como un rompecabezas del que depende mi vida. Se convirtieron en un espejo de mosaico. Y me miré a mí misma. Reflexioné y reflexioné. Hasta que vi profundas experiencias de amor, lecciones y vida. Estoy destrozada por lo que veo, pero agradecida por las lecciones que me han ayudado a crecer y descubrir que soy digna de recibir amor, y tú también.

Ahora veo que en mi vida amorosa, he experimentado la dicha del amor, solo para huir de él, por miedo a sufrir una desilución.

Esto lo veo como un abandono imaginado, un rechazo percibido pero no real.

Veo cómo recreé los años posteriores de mi infancia de abuso emocional y negligencia, al atraer parejas abusivas o no disponibles emocionalmente.

Juntos volvimos a reproducir la película de mi vida con una precisión asombrosa (y quizás también la de ellos, desde su perspectiva). Estos no son daños imaginados. El abuso y la negligencia en las relaciones ha sido real. Veo que resultó en parte de mis atracciones inconscientes de mi historia, mis miedos y creencias falsas.

En retrospectiva, cuando tengo la mente clara y soy valiente, miro con intensa honestidad, y lo veo en toda su vívida realidad. Apenas puedo creer la forma en que todo encaja.

Me pregunto qué viene después. Me pregunto, ahora que parece que lo he jugado todo y ahora soy un adulto sin nada que revivir, ¿podemos comenzar a crear una historia nueva y mejor? Yo espero que sí. Ha sido un viaje agotador. Estoy cansada. Tal vez mi próxima relación dure, pero si no hay una próxima relación, estoy eternamente agradecida por las piezas de mi corazón, que todos en mi viaje han contribuido a ayudarme a encontrar.

Soy sólo un humano

EL TLP PUEDE SER UNA enfermedad grave cuando se encuentra en el extremo severo del espectro. He estado en ese extremo. Todavía estoy experimentando fuertes rasgos del trastorno, pero me siento mucho menos dominada por él que en mis años más jóvenes. Puedo hacer intentos de cambiar y tengo esperanza. Ante esta esperanza, tengo que decir que no podemos ser los únicos con problemas y con profunda desesperación. Todos somos humanos y el mundo está lleno de desesperación. El TLP crea estados emocionales intensos. Sin embargo, toda persona tiene emociones y tiene la capacidad de experimentar estos estados emocionales, tanto altos como bajos. No somos tan diferentes, no somos monstruos, pero a veces nos comportamos como niños. A veces me encanta ser como una niña, pero sé que tengo que ser tanto la niña como la madre de mi hija. Solo somos niñas y niños adultos, como ustedes, todos lo intentamos, todos tenemos problemas y cada relación involucra a más de una sola persona. Hay muchas personas en el planeta, y puedes elegir quiénes son las personas que te hacen sentir lo que quieres sentir. Quiero sentirlo todo y abrazar la vida por lo que es, y yo misma por lo que soy. Como Pink dice tan acertadamente en su canción, Just Like Fire, "¡nadie puede ser igual que yo de todos modos!"

Conceptos erróneos

ESPERO QUE POR AHORA en nuestra conversación, estemos de acuerdo en que el TLP no es el escenario de atracción fatal recreado por los medios. Tal vez sea posible que alguien pueda desarrollar reacciones tan severas, dada la falta de conciencia, el apoyo o el deseo de sanar. Sin embargo, las etiquetas, cajas e historias de una persona en lugar de la historia de su vida solo son útiles hasta cierto punto, y luego pueden ser inútiles. Creo que es mejor tomar lo que puedas, olvidar lo que no puedes tomar, e ir a conocer a tu ser querido, y a ti mismo más para que juntos puedan crear un espacio seguro y mejorar su relación. Si lo desean, prosperará. Muchos lo han hecho funcionar, y hablan sobre ello como cualquier otra relación con amor y comprensión.

El concepto erróneo de manipulación

CUANDO EXAMINO UNA discusión en retrospectiva, con mucho esfuerzo, puedo estar abierta a comprender cómo alguien puede pensar que soy manipuladora. Este tipo de discusión ha surgido en mis relaciones románticas. Puedo entender cómo alguien pudo haber pensado que estaba fingiendo estar muy molesta mientras le pedía que se quedara. No pretendo ser intensa, soy intensa. No pretendo tener miedo al abandono, a veces tengo mucho miedo. La idea errónea aquí es que estoy actuando para poder obtener algo de ti. No finjo en esa etapa (perdón por el juego de palabras), no es que finja en ninguna otra etapa tampoco. No espero nada específico de ti después de expresarte mis miedos o mi dolor. Irónicamente, las creencias de tipo TLP no esperan nada de ti en esos momentos intensos.

Entiendo que mis reacciones pueden ser intensas y parecer inapropiadas para una situación. Pueden ser "irrazonables" según el estándar general de las reacciones emocionales. Te pregunto si puedes entender que no estoy tratando de ser, ni que quiero ser irrazonable, y no estoy tratando de lastimar a nadie. ¡Estoy lidiando con un problema válido en mi mente! Si podemos sacar ese juicio del camino, mi mente se puede relajar y permitirme controlarla más facilmente.

El error incurable

HAY OPINIONES DE QUE el TLP es incurable. Alguna información que puedes leer sugiere que la enfermedad dura toda la vida. Pero algunos expertos dirán que sus pacientes mejoran con el tiempo, el esfuerzo, la terapia, la esperanza y el apoyo. Estoy a favor de los esperanzados. En mi viaje personal, mi experiencia ha sido de cambio. Tuve problemas cuando tenía 20 años y tengo problemas a los 40, pero ha habido cambios, ideas, crecimiento y mejoras en mi vida. Algunos de estos cambios implicaron tratar de crear un estilo de vida que funcione para mí, uno que implique más espacio para mí y más flexibilidad, para que pueda tratar de atender mis necesidades de manera más efectiva. Tengo momentos en los que hago las paces con todo, pensando que estoy pasando por lecciones que mi alma quería aprender. Mi perspectiva espiritual del viaje me ayuda a abrazar la vida a pesar del aparente caos o la inestabilidad emocional. Para mí, la perspectiva es milagrosa. Y, definitivamente, también hay subidas, no solo bajas.

Capítulo 6: Conclusión

E spero que esto te haya ayudado a encontrar algo de claridad, fortaleza y perspectiva. Gracias por invertir tu tiempo para aprender sobre lo que está pasando tu pareja, familiar o amigo. Gracias por ser parte del viaje y por abrirte a diferentes perspectivas sobre el TLP. Sé que algunas personas como yo pueden no ser capaces de hablar tan abiertamente con quienes están cerca de ellos, pero puedo escribirlo para extraños con mayor facilidad. Y estoy realmente agradecida de que hayas leído esto.

Espero que se conozcan cada vez mejor, con respeto, aceptación, amor, apertura, apoyo y conexión mutuos. Me gustaría dejarte con algo de inspiración, para darte una idea de las emociones intensas que experimento en el otro lado, las buenas emociones, las emociones que experimento como parte de mi vida. Mis estados de ánimo cambian, mis experiencias cambian, mis experiencias pueden ser un sufrimiento desgarrador, pero también pueden ser una alegría hermosa más allá de cualquier cosa que pueda expresar con palabras. A veces estoy sola, a veces estoy con otro, a veces estoy soñando dormida, caminando o hablando, y de repente, llega algo de belleza.

Las emociones intensamente hermosas son la otra cara de la moneda. Basta decir que a menudo me he sentido como la persona más feliz del mundo, al escuchar una melodía, admirar una obra de arte emocional que le habla a mi alma, mirar un pájaro, jugar bajo la lluvia, tener un momento perfecto de risa con alguien. Me encanta enamorarme, recibir un abrazo sincero, sonreír a un niño, ver crecer a alguien que amo, ver a alguien que amo ser feliz, soñar con un animal hermoso que amo, sentir el mar cuando lo miro, sintiendo que soy la cascada cuando la veo, y todo lo que conlleva estar dentro de una mente y un corazón que sienten cada gota de vida a su alrededor: lo bueno, lo malo y lo feo, pero oh, lo hermoso ¡también! Experimento alturas de alegría que me hacen sentir verdaderamente bendecida. Mi personalidad y mi vida también tienen un lado hermoso, tienen todos los colores, y a veces me encanta, ¿cómo podría no hacerlo? Puede ser cómo puedo superar de alguna manera los tiempos difíciles.

Cuídate. Y vive la vida en tus propios colores.

Don't miss out!

Visit the website below and you can sign up to receive emails whenever K. Marie publishes a new book. There's no charge and no obligation.

https://books2read.com/r/B-A-DEDX-NZZMC

BOOKS 2 READ

Connecting independent readers to independent writers.

About the Author

K. Marie, nacida y criada en la hermosa isla de Puerto Rico, donde aún reside con su esposo, fue diagnosticada con Trastorno Bipolar Tipo 2, TDAH y Rasgos de TLP en 2018. Es una defensora de la salud mental y se esfuerza por compartir su experiencia con otros. Puedes formar parte de su comunidad en Instagram y Facebook: @caoshermoso, donde puedes hacer preguntas, aprender más y compartir tus propias experiencias.

Read more at https://www.caoshermoso.com.

www.ingramcontent.com/pod-product-compliance
Lightning Source LLC
Chambersburg PA
CBHW060808110426
42739CB00032BA/3149